This Book is for

Born

ISBN: 9798612752547

Date: /   /

Date: /   /

Date: / /

Date: /   /

Date: / /

Date: /   /

Date: / /

Date: / /

Date: / /

Date: / /

Date: /   /

Date: / /

Date: / /

Date: /   /

Date: /   /

Date: /   /

Date: / /

Date: /   /

Date: /   /

Date: /   /

Date: /   /

Date: /   /

Date: /   /

Date: /   /

Date: / /

Date: /   /

Date: / /

Date: / /

Date: / /

Date: /   /

Date: /   /

Date: / /

Date: /   /

Date: / /

Date: / /

Date: / /

Date: /   /

Date: /   /

Date: /   /

Date: / /

Date: / /

Date: / /

Date: /   /

Date: / /

Date: / /

Date: / /

Date: /   /

Date: / /

Date: /   /

Date: /   /

Date: /   /

Date: / /

Date: /   /

Date: /   /

Date: / /

Date: / /

Date: / /

Date: / /

Date: / /

Date: /   /

Date: / /

Date: / /

Date: /   /

Date: /   /

Date: /   /

Date: /   /

Date: /   /

Date: / /

Date: /   /

Date: / /

Date: / /

Date: /   /

Date: / /

Date: / /

Date: / /

Date: /   /

Date: / /

Date: / /

Date: /   /

Date: / /

Date: /   /

Date: / /

Date: / /

Date: /   /

Date: / /

Date: / /

Date: /   /

Date: / /

Date: / /

Date: /   /

Date: / /

Date: /   /

Date: / /

Date: / /

Date: /   /

Date: / /

Date: /   /

Date: / /

Date: / /

Date: / /

Date: /   /

Date: / /

Date: /   /

Date: / /

Date: /   /

Date: / /

Date: /   /

Date: / /

Date: /   /

Date: / /

Date: /   /

Date: /   /

Date: / /

Date: /   /

Date: /   /

Date: /   /

Date: /   /

Date: /   /

Date: /   /

Date: /   /